흔든다고 흔들리다니요

금동원

2002년 서울시 여성백일장 입상 후, 2003년 등단하여 작품 활동을 시작했다. 시집 《여름낙엽》(2008), 《마음에도 살결이 있어》(2011), 《우연의 그림 앞에서》(2015), 《시 속의 애인》(2020), 낭송시집 《시울림 오중주》(2017) 등 다수의 동인지와 산문집 《사랑은 외롭고 쓸쓸하지만 가볼 만한 길이다》(2023) 등을 발간했다.

이메일: mrstuna@hanmail.net
블로그: https://mrstuna.tistory.com

아득한 삶과 그리움의 길에서 진솔하게 우러난 시

흔든다고 흔들리다니요

금동원 시집

도서출판 답게

시인의 말

세상은 늘 환기가 필요하다.
열어두지 않으면 결코 흐르지 않는 시간
공기들은 자연스럽게 순환하며 흩어지고 다시 모여든다.
신선한 공기가 들어올 수 있도록 문틈을 열어둔 채
애당초 문을 잠글 생각은 떠오르지 않았다.

막혔던 날들과
풀려가던 날들
궁했던 날들과
드디어 통하기 시작했던 날들,
귀하디귀한 인연의 자리에서
새롭게 출발하며 웃기 시작한다.

웃음이 좋고 밝음이 좋다.
명랑함이 좋고 흔들림이 좋다.
묵직한 가벼움이 좋고
단단하지만 부드러운 속내가 좋다.
뿌리 깊은 나무의 든든함이 좋다.

신비하고 선한 인연의 빛에 대한 믿음으로
깊고 아름다운 사람들에게 감사를 보낸다.
시 쓰기의 소중한 열정과 운명적 교감을 꿈꾸며
다섯 번째 시집의 문을 밀고 들어간다.

2025년 늦여름 오름제에서
김동원

| 차례 |

시인의 말 • 04

1부

난청의 시대 • 13
낙타의 눈물 • 14
거미의 집 1 • 16
거미의 집 2 • 17
기억의 강 • 18
늙은 대추나무 • 19
못에 대하여 • 20
그 정도밖에 • 21
결이 다른 나무 • 22
어떤 시절의 빛이었을까 • 23
분위기란 이렇게 만들어지는가 • 24
시쓴다 시쓴다 • 25
감금의 나날 • 26
훈련에 대한 정의 • 32
이명耳鳴 • 34

2부

비트코인 • 37
나의 오르페우스 • 38
그리움이란 말 너무 흔해서 • 39
어쩔 수 없네, 저 순간 • 40
비문증飛蚊症 • 41
오늘, 날씨가 좋았네 • 42
어느 날 • 43
불타는 꽃 • 44
비대면 인조인간 • 45
와락 껴안고 입 맞추고 싶다 • 46
간헐적 단식 • 47
임플란트 • 48
백내장 • 49
수면 내시경 • 50
내시경 연가 • 51
카페인 우울증 • 54

3부

익선동 외나무다리 • 59
시간의 열차 • 60
공중의 섬 • 61
망각법 • 62
나이 듦에 대한 소란 • 64
베트남 쌈을 먹으며 • 65
헤어질 결심 • 66
아픈 손가락 • 67
처음이 있던 그 자리에 • 68
유효기간 • 69
예삐 엄마 • 70
풍경 • 71
루후마항 • 72
아를의 바람 • 73
사유의 방 • 74

4부

가족관계증명서 • 77
혼자 눕는다는 것에 대하여 • 78
결혼행진곡 1 • 82
결혼행진곡 2 • 84
태양이 떠오르다 • 86
지한知漢을 만나다 • 87
유안을 위한 노래 • 88
가을빛 • 90
동백꽃은 떨어지고 • 91
비자림榧子林에서 • 92
비 오는 한림해안에서 • 93
고향의 의미 • 94
고래, 하늘을 날다 • 96
새벽의 기쁨 • 97
시 해설 | 아득한 삶과 그리움의 길에서 진솔하게
우러난 시 / 이경철 • 98

1부

난청의 시대

당신을 듣는다는 것은
당신에 대해 말하는 것보다
힘들게 인내하는 일입니다

이해하지 못하는 언어는
귓바퀴에 걸려 넘어지고
말이 될 수 없는 언어는
연소되지 못한 굴뚝 속 연기처럼
뿌연 회색빛으로 흩어집니다.

거기 그대와 함께 있었습니다
강물이 흐르고 있었으나
바람도 함께 불고 있었으나
진실을 듣지도 말하지도 못하는
난청의 시대

당신을 그리워하는 것은
당신을 사랑하는 것 보다
훨씬 힘이 드는 일입니다

낙타의 눈물

살갗이 타버릴 듯한 태양
그 뜨거움 속에서
묵묵히 걷는 낙타를 봤어요
텅 빈 사막의 강을 건너는 낙타를 봤어요

살 속으로 박히는 따가운 흙바람에도
낙타는 앞만 보고 걸었어요
자신의 영혼을 끌어안고
침착한 수행자의 걸음으로
낙타는 걷고 또 걸었어요

황금빛 노을을 안고
슬픔의 순간으로 걸어 들어가
사막의 고요 속으로 가라앉고 있었는데
울음소리는 결코 들을 수 없었어요

속눈썹이 흠뻑 젖은
낙타의 눈동자를 들여다본 적 있나요?
깊고 푸른 오아시스의 샘물
슬픔이 굳어 다리 근육이 되고
그리움이 녹아 둥근 산이 되었지요

모래의 황홀하고 신성한 빛이
강물처럼 출렁일 때
무념무상에 들어
눈부신 꿈, 그 빛깔을 껴안고 가는

끈적하게 맺힌 낙타의 눈물을 바라보면
나도 뜨거운 길을 나서게 돼요
삶의 난해한 질문을 등에 업고
쉼 없이 뒤바뀌는 사막의 모랫길을
낙타, 그대라면 믿고 따라 걸을 수 있으니까요

거미의 집 1

삶의 사각지대에 아슬아슬 매달려 있는
공중의 거미를 무심히 바라보는 순간
불가능해 보이는 일이 일어났다
거미는 일자로 지지대를 만든 후 바깥에서
안쪽으로
육각형 나선의 건축 원리를 이용해
밤새도록 존재의 집을 짓고 그늘의 진실을
엮어나갔다
방적돌기에서 뽑아낸 사유의 끈끈한 질문들이
완벽한 방사형 그물로 완성되어 갈 때 즈음
산다는 건 함부로 이야기할 수 없음도 깨닫는다
사즉생의 거미 결심을 이해할 수 있겠다
온몸의 진액을 모두 뽑아 공중에 매달아 놓은
불가사의한 빛의 철학은
눈물겹도록 눈부시고 아름답다
운명처럼 화려하고 기이하다

거미의 집 2

새날이 밝자 거미줄은 위태롭고 아슬아슬하다
지난밤 쉬지 않고 엮어놓은 치열한 삶의 흔적은
연약하고 허술한 그물망일 뿐
몇 마리의 불나방과 잡충만
마지막 전리품처럼 서글프게 매달려 있다
거미의 신념은 무참하게 빛에 휘둘리며
뒤엉겨 붙었다
끈적한 욕망과 희망의 진액을 뽑아내며
밤새 휘몰아치던 고뇌의 시간
허망한 인생이 지나가는 소리를 듣는다
거미, 하늘을 날았으므로
하룻밤 꿈을 공중에 걸었으므로
시의 천국을 향해
구원의 무늬를 타고 여한 없이 사라져갔다

기억의 강

하늘을 뒤덮은 황사
누렇게 쌓인 시간 속에서
언제나 제자리를 지키는 건 첫 마음뿐

속인 것도 아니고
속은 것도 아닌데
우리는 속인 듯 언제나 모두 속았다

매우 나쁨
붉은 경고등으로 뒤덮인 하늘은
수상하리만치 아득하게 짙푸르다

목멘 뿌연 황사가 다시 몰려온다
초미세먼지는 결이 너무 고와서
눈이 시리게 고요하고 서글프다

늙은 대추나무

죽음과 탄생, 끝없는 생명의 역사는
덧없이 오그라들고
하늘을 향해 치솟던 당당한 시절
꽃피울 권리와 열매 맺을 권리
모두 얽히고 꼬여
전설이 된 나무

흔든다고 흔들리다니요
살짝, 아주 살짝만 건드렸는데
후두둑 툭툭
주름지고 메마른 열매 다 떨어집니다

온몸으로 계절을 받아내며 품었던 향기
까칠한 가시와 앙상한 뼈대
풋풋했던 초록을 기억하는 붉고 얇은 입술
서늘하고 달달했던 영광도
세월 참 무상하고 씁쓸합니다.

못에 대하여

잘 걷다가도 우리는 넘어진다
힘없이 꺾이고 부서진다

부서진 뼛조각을 감싸는데 필요한 것은 못이다
못은 날카롭지만
단단하게 상처를 지탱하고
녹슬기 쉽지만
새 뼈를 만들며 부드럽게 주변을 껴안는다

모진 아픔이라는 견딤을 통해
더 견고하게 결합하고
다시는 쪼개지거나 부러지지 않는
유연한 화합을 이뤄낸다

통증의 아린 기운이 삶을 통과해
공포와 슬픔을 전하는 동안
뼈에 스민 못은 녹아들며 성숙해진다.

용서와 사랑의 노래로 절망을 치유한다
스스로 진액을 뿜어내며 기쁘게 부활한다

그 정도밖에

믿음이란 얼마나 얄팍한 것인가
얇은 입술에 발린 찬사와
가볍게 떠도는 공허한 축복은
깃털보다 더 높이 허공으로 치솟아 오른다
어리석은 돌담을 쌓아 올리고
따뜻한 배려와 작은 관심을 모두 합쳐서
곳곳에 뚫려있는 공허한 빈틈을 메운다
추상의 시간
관념의 공간
맑아지지 않는 노래
겉멋을 부리며 소리쳤던 허위의 목소리
판단을 유보하며 버텼던 허상의 시간
진심을 한 번도 의심해보지 못한 채
쌓아 올렸던 공중을 향한 꿈의 돌담은
무너져내린 것이 아니라
아예 처음부터 쌓지 않았던 꿈속이었다
변명의 여지 없는 선명한 진실만이
지금 무너진 시의 잔해 앞에서
모든 것을 보여주고 있다

결이 다른 나무

마주하다 보니 알겠다
헤겔의 변증법적 대화로도
결이 너무 다른 나무는
삶 속에 서로의 진심과 열망을 투명하게
담을 수 없음을

오류 속에 잠시 스쳐 가는 인연은
끝내 함께 머무를 수 없다는 깨달음
어리석고 오만했던 눈먼 지혜를 반성하며
각자도생의 삶 속에서 멋지고 당당하기로

파도의 격한 출렁임도
평정심의 무게와 고요함으로 차분해지고
서늘한 쓸쓸함보다
봄날 가벼움으로 홀가분하게 걷는다

어떤 시절의 빛이었을까

혹독하게 퍼붓던 장맛비 내리던 처마 밑
새 부리처럼 긁어대고
주먹질해도 열리지 않던 친구의 철문 집
가로막혀 암담했던 짙은 우정의 경계선
불가능한 화해
울음과 웃음이 버무려지며 소리쳤던 비명은
어느 시절의 빛이었을까

만나고 싶은 빛
잃고 싶지 않은 빛
숨겨놓은 빛
기약 없는 어둠 속에서 무한히 기다리는 빛
지는 노을 속에서 해가 솟아나기를 기다리는 빛
꿈을 잃고 젖어 오랜 시간 어두워진 빛
영원히 만날 수 없는 빛

분위기란 이렇게 만들어지는가

며칠 전 꽃시장에서 사 온 프리지어 화분
꽃대에 갓 솟아오른 노란 꽃봉오리
여린 줄기 이리저리 휘어지며 흔들린다

흔들린다는 것은
중심을 잡기 위한 몸부림이다
빛나는 아름다운 몰입

분위기란 이렇게 만들어지는가
줄기들 꼿꼿해지며 어느새
잔잔한 우아함으로 들뜬 프리지어가 활짝 웃는다

이제 태도와 의미를 버린다
노란빛의 우주적 이끌림에
마음은 하염없이 포근하고 여유롭다

시쓴다 시쓴다

직박구리 노래하는 이른 아침
빛의 속도로 사라진 햇살은
사랑에 열광했던 젊음의 그림자처럼 상징적이다
꽃잎 빠르게 흔들리고
소낙비가 휘파람 소리를 내며 바람을
가로질러 간다
산책하던 발걸음을 되돌리며
시의 문을 닫고 나오고 순간
삶이 마주한 모든 풍경은
환상의 품고 사라지는 물안개처럼 신비하다
흙을 튕기며 솟아오르는 물방울의 소란한 아우성
내 입안에서 부르르 떨며 튀어나오는 노래

시쓴다 시쓴다

감금의 나날
-오미크론 BA.5

1. (첫날)
열은 온수처럼 부드럽고
따스함으로 시작한다
미열이 어떤 비등점을 넘어서면
신비한 몸은 붕 떠서 날개 없이도 잘 날게 된다
하늘을 나는 기분은 제법 괜찮아서
그저 두 눈을 감고 아득하게 즐기면 된다
열이 온몸을 정복하고
여름 햇살처럼 강렬하게 나를 태우기 시작한다
뜨거움은 두 가닥의 공존 속에 엮여있어.
몸의 폭발과 정신의 열정
극복은 어려운 일이지만
버티는 일은 해왔던 일인 것처럼 익숙하다

2.(둘째 날)
혈관 속의 피들이 흐르는지 멈췄는지
맥박으로는 알 수 없다
소용돌이치던 감정도
어느새 놀랍도록 차분해져
푸른 피는 차가워지려고 애쓰고 있지만
붉은 피는 쉽게 혈관 속 미친 짓을 멈춰 세우지 못한다

습도로 가득한 고열의 결투는
열대 밀림의 치열한
숨 막힘으로 정신이 혼미해진다
승리자는 고열이다
온몸은 의식을 잃다가 정신을 차리고
흠뻑 젖어 체온을 내리려 안간힘을 쓴다

3.(셋째 날)
길게 호흡을 들이마시고 내뱉을 때
부상자의 처절한 상처와 신음은
명상의 고요한 숨결처럼 잠시 휴전도 가능해
보인다
그러나 곧 균열된 틈 사이로 파고드는 예리한
두통의 파도는 끔찍하다
의도치 않았으나 의도된 고의성마저 느껴진다
적의로 가득한
야성의 불기둥을 세우게 하고
분노에 찬 저릿한 감전의 불쾌감
파도타기의 유희가 아닌데
쉴 틈 없이 밀려드는 고열과 근육통은
밀물과 썰물 그 사이를 관통하는
공기층처럼
들이쳐 회오리치다가 빠져나간다
의약품에 의존한 자기방어체계는

허영에 불과하고
무기력한 혼수 속에서 우아하려 애쓴다
여름밤은 너무 길고 잠은 짧아서
동트는 것도 닭울음 소리도 들리지 않는다
39도의 열감과
머리가 터질듯한 폭발음과
비처럼 쏟아지는 땀의 후줄근함에서
밤 내내 벗어나고 싶었다

4.(넷째 날)
통증을 견디는 건 머리를 싸매고 공부하는 일이다
내가 언제 이토록 열심히 공부했던가
공부하기 싫다고 소리쳐봐도
단어를 외우고 수학을 풀고 문장을 만들 듯
공부해 어서 공부해
머리가 깨지고 폭발하여 다 날아가 버릴 때까지
참고 견디는 방법밖에 없어
가장 싫어하는 과목은 두통이다
편두통의 난이도는 매우 높아서 풀리지 않는다
풀어도 풀어도 오답이다
핵심을 발견하고 문제의 답을 찾아 헐떡거려도
답이 안 보여 안 풀려 안 들려
무엇을 증명하라는 거지
고열과 땀, 비와 눈

열정과 냉정 사이의 리듬감으로
청각과 촉각은 놀랍도록 예민해지고
후각도 미각도 모두 전멸,
고통도 음악성을 가지는가
돌아 돌아 빙빙빙 돌아 버리겠네
다음은 무슨 예고편인가

5.(다섯째 날)
하루 반나절
달콤한 사탕을 빨며 자신을 달랬다.
기침을 달래고 통증을 달래고
감각을 달래고 울음을 달래고
침 속의 강력한 진통 효과를 바라고 바라면서
달달한 침을 쉼 없이 삼켰다
처음엔 간지러움과 적당한 껄끄러움으로
가볍게 시작하여 서서히 심해지는 인후통 증상
혀는 부드러우나 혓바닥은 거친 고목 껍질
이빨은 단단해 보여도 두부처럼 푸석거려
입은 입이 아니고
먹는 건 의미 없는 짓이다.
의미를 부여하고 먹어봐도 통증 앞에서 무의미하다

6.(여섯째 날)
뇌를 조종하는 바이러스는 변종의 새로움을
구현한다
프로그램 완전 삭제 후 신종 앱을 다운로드
새로운 증상의 역동적 변화는
몸의 체계를 생소한 처음의 상태로
되돌려 놓는다
무한 구토는 한 톨의 생명력도 허용하지 않겠다는
단호함으로 위를 완벽하게 비워버린다
그래야 다시 시작할 수 있다
끝이 보여야 시작을 하지
죽어봐야 살지
문득 언어에서 구토를 느껴
아무것도 설명할 수 없는 언어는 위선적이다
모든 게 빠져나간 육체는 홀가분하다
홀가분하다 못해 너무 발랄해진다

7.(마지막 날)
마지막까지 괴롭히던 지독한 두통의 원인은
깊은 암석 밑에 켜켜이 묻혀있는 화석처럼
미스테리다
인간의 가장 큰 고통은 외로움이다
아무도 없이 격리되었던 격렬한 감금
한 편의 연극처럼 코로나 감염의 대장정은

깊은 상처를 남기고 스스로 막을 내렸다
공포스러운 증상들은 기립하여 환호했고
자신을 인내하는 독방의 수용소에서
일주일 일곱 번의 공연이 매일 계속되었다
죽음일 수도 있었다

* 오미크론 (BA.5) 하위 변위로 스텔스 오 미크론(BA.2) 보다 전파 속도가 빠르다고 알려진 BA.5가 국내 우세 종으로 기존의 코로나류 중에 전염력이 빠르고 면역 회피 능력도 높은 것으로 알려져있다

훈련에 대한 정의

코로나바이러스는 왕이 맞다
왕은 명령할 수 있고
우리는 복종해야 할 의무가 있다

B 1.1.7 알파

B.1.351 베타

P.1 감마

B.1.617 델타 변이

B.1.1.529 오미크론

오미크론 BA.5

무수하게 쪼개지는 하위 변종들…

이것은 모두 명령의 언어다
작전 개시 암호이다
우리는 먼저 복종해야 한다
질서에 반하는 행동은 전복이며
언어적 폭력과 같은 의미다

익숙해지는 건 질서도 아니고
문란도 아니고
막연한 공포로 파괴되고 터져버린
두려움의 폐허다

확진자 수만큼 지난한 공포심으로
수치를 읽어내려가는 인내심과 희생
자제력과 공동체의 괴력으로
우리는 통제 가능한 인간이다

저항할 수 없는 확산이 있고
죽음보다 큰 감염의 두려움
부작용의 연속성
병실 부족과 치사율의 공포가 뱀처럼 똬리를
틀고 있다

중증도 혹은 자가격리
음습한 새로운 신조어들이
포승줄로 엮인 굴비처럼 숨통을 틀어막고 있다

미친 짓은 맞다.
이미 인간 탄생 직후부터 계속되어 온 계몽이다
코로나의 전복은
우리 멸망의 속도를 더욱 페달을 돌려 가속으로
나아가는 예견된 운명이다

이명耳鳴

코로나를 앓고 난 후
포착되기 시작한 이 세계의 후유증
귓속 깊이를 헤아릴 수 없는
미지의 새로운 관계 형성이다

새싹 올라오는 소리 같고
가랑비 내릴 때 속삭임처럼
초가을 어린 여치 울음소리
살며시 밀려와 부서지는 파도 소리로 다가와선
귀밑에서 스르르 사라져버린다

존재 자체를 확인할 길 없지만
없다고 부인할 수도 없는
알지 못했던 공간의 낯선 감각
아주 가깝게 자주자주 조곤조곤
은밀한 비밀을 나누는 사이다

2부

비트코인*

수학을 좋아하세요?
역설로 묻는 이 질문에 당당한 자는
수수께끼 같이 비틀린 세상의 꿈과 희망을
해독한 자
내 것인데 내 것이 아닌
돈이지만 돈이 아닌
놓쳐버린 사랑처럼 허공에 뿌려진 욕망
어디에 쉼표와 마침표를 찍어야 할지 모르는데
돈은 무언의 생명을 부여받고
가치는 실핏줄처럼 푸르게 살아 움직이기
시작합니다
정체 없는 진실 앞에 우리는 무릎을 꿇어야
하나요?
공중에 세운 누각처럼 아슬아슬하지만
실체가 있다니!
오르락내리락 쉴 틈 없이 움직이는
주가의 무질서한 등락처럼
가상화폐와 닮은 내가 공중을 떠다닙니다

* 중앙은행에 의해 통제받지 않는 온라인 가상화폐

나의 오르페우스

뒤돌아보지 마라
백만 년 만에 마주한 정갈한 미소는
시공을 초월한 그리움
길고 긴 기다림의 상징이다

섬세한 생의 사잇길에서 깨달은 진실
지상의 찬란한 빛은 무덤 같은 이별의 슬픔이 되어
동굴 속 에우리디케는
깊은 안개빛으로 사라져갔다

거룩하게 가는 길
조화롭고 깊은 길
아름답고 슬픈 길

태양의 황금빛이 푸른 하늘길을 열 때까지
가을 코스모스가 땅의 길을 열 때까지
음유시인은 거문고 별자리에서
지극한 사랑을 노래하며 잠잠하게 기다린다

그리움이란 말 너무 흔해서

그리움이란 말 너무 흔해서
그립고 그리워도 그리워서, 라고는 못쓴다
꽃잎 빛깔 생생하게
꽃비로 내려 황홀하게 쌓여가는 동안에도
공중의 순간을 향해
'보고있어도 보고 싶어'라고 말하는 순간
'너무 상투적이야.' 추억은 땅을 향해 곤두박질친다
사랑이 '사랑해요'가 되는 순간
혼탁한 빛으로 탈색되어 사라지듯
'그리워요' 입 밖으로 내뱉는 순간
휘발되고 남는 것은 진부하고 낡은
시적 언어의 비말뿐이다

어쩔 수 없네, 저 순간

꽃망울 기색도 없던 아파트 단지를 떠나
열흘 여행을 하고 돌아오니
어느새 활짝 핀 벚꽃이 떠나려 하고 있다
어떤 숨결이 어느 틈에 불어와
아직 찬바람 세찬 날씨에 싹이 트고
꽃은 팝콘처럼 터지며 흩어지고
아스라이 손끝을 지나치며 떨어져 내린다
아까워, 아까워
꽃잎 지나가는 저 순간
떨어져 흩날리는 저 순간
우두커니 서서 놓치기 싫은 저 순간
어쩔 수 없네! 저 순간
산다는 게 저 꽃잎처럼 지나간다는 걸
모른 척 시침 떼며 지나가도 될 텐데
계절은 왜 가르치려 드는지
쓸쓸함과 슬픔이 남은 저 순간
떨어지는 꽃잎
아까워 아까워

비문증飛蚊症

나이가 든다는 것은
봄날의 화사한 꽃나무 사이로
꽃잎 흩날리듯
마음의 창에 떠다니는 구름 한 조각 희망으로
얹혀놓는 일

배추흰나비 한 마리
봄바람 꽃밭 속을 제 마음대로 날아다니며
앉을 곳 찾아 떠다니고 팔랑거릴 때
눈앞은 늘 그리움으로 아득해진다

오늘, 날씨가 좋았네

미세먼지 나쁨이라는 일기예보를
꽃 노래처럼 무시하고
가을 하늘은 화사했어요
사랑하기 딱 좋은 날이고요

코로나 확진자가 아직 위험 자릿수
외출을 자제하라는데
가을볕이 너무 빛나더군요
사랑하기 딱 좋은 날이고요

마스크가 우리의 키스를 가로막을 수 없다고
어떤 젊은 연인 볼 매인 소리에
붉어가던 단풍 더 붉어져
발가락이 꼼질꼼질 미안했어요

오늘, 날씨가 너무 좋아요
빙하는 점점 녹아 북극곰도 울고 지구도 울고
눈이 부시게 빛나는 마지막 계절
사랑하기 딱 좋은 날이고요

어느 날

봄꽃도 앞다퉈 피다가 말고
아차,
이건 너무 복잡한 화려함이야
고요하게 낙화한다

인연이라 여기며
붉은 색실로 엮어왔던 사랑도
그렇지,
이건 너무 복잡한 사연들이야.
엉켜있던 시간이 한 올 한 올 풀려가며
고요하게 흐른다

갈망했던 욕망의 자리는
담백하고
간결하게
투명하고
홀가분하게
마음에 쏙 드는 미니멀리즘이 되어
깃털처럼 날아오른다

불타는 꽃

꽃이 불타고 있다
트랙터로 갈아엎어도 끝없이 피어오르는 꽃
땅 빛으로 솟아오른 화려한 상승
저 스스로 몸을 태우는
불에 탄 향기는 꽃향기인가

꽃물이 흘러 가슴을 적시고
바싹 마른 꽃대에 배어 나오는 비애
생명을 다한 것이 아니라
헌신의 기쁨을 깨닫는 것이 아니라
태워지는 슬픈 꽃

꽃이 사라져가는 계절이다
화장터로 변한 꽃밭에서 짧은 일생을 보내고
공급도 없고 가격도 없어
거베라*가 불태워진다
코로나가 꽃을 태운다

* 국화과에 속하며 축하용 화환에 많이 사용된다

비대면 인조인간

길은 어지럽게 복잡하다
너무 많은 아파트와 빌딩 숲
답답한 길을 뚫고 사람을 만나러 가는 용기는
늘 제한 속도에 걸려 딱지를 끊는다
독한 마음
만날 수 없음을 각오하는 마음
그리움만 승차권이 되는 열차처럼
출발시각을 놓치면 영영 갈 수 없는 교통체증
일정한 규칙이 있는 도로는 밀리지만 뚫린다
뚫렸다가 금방 다시 밀린다
그 틈,
그 사이의 따뜻한 위로를 배우면 사랑이 가능하다
손이 닿지 않는 거리에서
비대면의 사랑 타령만 하는 건
인조인간
디지털 사랑
인공지능의 승리인가?

와락 껴안고 입 맞추고 싶다

시간은 온통 코비드 그물에 걸려 흔들거린다
생사의 고갯길에 꽁꽁 묶인 채
그립다는 말만 하고 우리는
서로를 찾지 못한다
당장 달려가 와락 껴안고 입 맞추고 싶다

발걸음이 뜸하면 사랑도 길을 잃고
끊기나니
희미한 감각만 살아남은 불면의 흰 밤
밤 내내 뒤척이다 실눈을 뜨면
울적한 마음
환한 둥근 빛에 취해
당신을 다시 서랍 안에 넣는다

시가 사라지는 봄이다
활짝 피어보지 못하고 떨어진 꽃잎처럼
그리워만 하다가
다짐만 하다가
엉거주춤하다가
망각 속에 나도 이 왕관*을 쓰고 그렇게
살아가려나 보다

* 코로나바이러스

간헐적 단식

열여섯 시간 이상 위를 비우기도 하고
하루 이틀 온전히 굶기도 하고
그건 개인의 자유다
<u>스스로</u> 비우고 채우는 무게의 양만 깨달을 수
있다면
채울 때의 포만감과 건강한 식욕이
충만한 기쁨으로 다스려질 때
채움은 비움을 올바르게 실천하는 것이다.
필요한 만큼만 누리는 무소유
자족의 진리를 몸소 체험하고 즐기는
가벼움은 새로운 삶의 지향점이다
비우기의 터득에는 시간과 인내가 필요하다
점점 가벼워져 갈 때
채우고 싶은 배고픔의 욕망
비우고 기다리고 채우고
채우고 기다리고 비우는
순정한 몸의 길을 따라 쓰는 시
간헐적 단식의 리듬
몸이 건강해지고 가벼워지고
기초대사량은 높아지고 에너지 대사는 좋아지는
비우고 채우는 단순한 깨달음에서
백세 시대의 저속노화를 배운다

임플란트

어른이 된다는 것은
스무 개의 유치함를 버리고 서른두 개의 성숙을
가능한 잘 보존하는 의무도 있다
영구치 스물여덟 개 사랑니 네 개를
죽는 날까지 모두 간직하는 건
욕심을 넘어 탐욕이다

쉽지 않은 방어벽을 구축하며 버텨보지만
뾰족한 혹은 허술한 그 어디쯤
비참하게 텅 빈 구멍들
잇몸에서 떨어져 나간 감정의 조각들 사이로
진실이라 믿었던 위선의 시 쿠데타
영원할 거라 믿었던 물질의 덩어리
욕망의 사치스러운 배열

더 견고해질 희망으로 존재의 문장을 세운다
하나둘 늘어가는 작품들
희소가치가 있게 소수만 소장하고 싶다.
더는 새로운 공간을 제공할 수 없다
예술이라는 흔적이
너무 흔하고 헤픈 거 아닌가?

백내장

오랜만에 유리창 청소를 한다
비가 오는 날이 창문 닦는 날이라지만
이상하게 화창하여 눈이 부신 날 창문은 더 닦고
싶어진다
뿌연 얼룩과 먼지들이 거슬리게 더 잘 보이기
때문이다
안쪽 유리창은 의자를 놓고 올라가 요령껏 닦아
보지만
바깥쪽은 팔을 뻗은 곳이 전부다.
원심력의 힘으로 반월만 닦인 창문은 반반의 세계다
세상은 참 공평하여
아는 만큼 보이고 보이는 만큼 느낀다
닦아놓은 세상과 얼룩진 세상이 고스란히
한눈에 들어와 삶의 시야는 좁아지고
마음도 얼룩덜룩 오락가락
뿌옇게 덮여있던 먼지가 걷히는 순간,
안 봐도 될 것마저 보게 되는 건 아닐지
그래도 밝아서 좋다
맑고 투명해서 좋다
찌뿌둥하게 탁해진 하루가
닦여진 마음의 창문처럼 밝아지기를
지혜와 생기로 말갛게 빛나기를

수면 내시경

하아나… 겨우 세고 두울우르르…
몸과 마음의 모호한 경계에서 나는 사라졌다

위 속은 소형 카메라가 달린 가느다란 기계가
유유히 밀고 들어와
태연한 의사는 능수능란한 컴퓨터 게임을 시작하고
나 모르게 발견하고
나 모르게 떼어내고
뒤적거리고 훑어내고
삽입, 복사, 에러, 재부팅, 아웃, 삭제, 백업……

그만 깨어나세요
내 삶 속에서 지워진 한 조각의 사유
나는 어디에 있었던 것일까?
한 덩어리 실험실용 동물에 불과했던
초급 코스 인체의 신비 게임에 불과했던
생명의 기억이라곤 털끝만치도 없는
6만 원*으로 스스로 선택한 길이다

* 수면내시경은 6만 원의 추가비용으로 선택할 수 있다

내시경 연가

나는 인간이에요
유혹에 약하듯 마취에 약해 하나, 둘, 세다가
의식을 잃고 잠이 들어버려요
수면 마취에서 벗어나 맨정신으로
스스로 존재를 확인하기로 했어요

속을 비우고
하얀 물약을 먹고
내 먹이통의 경로를 강줄기 흘러가듯 살펴보는
겁먹은 마음이 똥줄 타듯 쪼그라들어 가지만
목구멍의 경련을 막아 세우고
카메라는 기지개를 켜요
나는 모로 눕혀지고
내가 나의 발광을 최대한 제지하기 위해
겨드랑이에 손을 끼우고
입안으로 재갈을 물리듯 개구기가 들어오네요
'카메라 들어가요'
스르르 뱀 새끼처럼 밀고 들어오는 차갑고
징그러운 섬뜩함에 저절로 구토가 올라와요
'참으세요'
참으려니 눈물이 흐르고
더욱 깊이 들어오는 공격성에 저절로

트림으로 방어하게 돼요
수치스러움은 물러가라
'트림하지 마세요'
'참으세요'
어떻게 참지요?
입은 막혀있고 숨은 들이마셔 지지 않는데
구역질과 트림
가장 더러운 공격으로 방어해보지만
역부족이에요
간호사 세 명과 의사의 협공
발버둥으로 난 살아야 해
침이 흐르고 눈물이 흐르고 마음도 흐르고
난 누구
여기는 어디
동물농장인가
동물병원인가
건강검진인가
인격 사망인가
'이러시면 안보입니다'
'정확하게 진단해드리지 못합니다'
뭘 보기 위해 섬뜩한 카메라는
내 목구멍 깊숙이 들어와 나를 탐색하고
난 뭘 보여주기 위해
먹이도 포기하고 반나절 식음을 전폐하고
너와 마주한 거니

난 누구니?
몸이니 징신이니
육체는 탈탈 털리고 영혼은 가출하고
나를 부여잡고 있는 건 삶의 애착
아니다 그저
거기 무기력하게 누워있는 거다
어서 기계 빼주세요
무언의 애원과 분노로
우울함이 온몸을 휘감는다
아무 일도 없다는 듯
'입 닦으세요'
'수고하셨어요'
만신창이 기분으로 혼비백산 입을 닦는다
난 뭘 수고한 거지?
몸속에 스스로 카메라를 밀어 넣고 얻으려는 것은
무엇이었을까
몸소 느끼고 받아들이려는 노고는
이 순간만은 모든 것이 부질없는 무용담이다
이 현장을
이 실존을
다음이 오면 자발적으로 내 모습을 잊기로 하자
나를 잊고 잠든 사이 모든 걸 해치워버리는
수면내시경으로
다시, 삶이란 이토록 치사하고 변덕스러운
인간성 도피다

카페인* 우울증

이런 우울증 들어는 보셨나요
혹시 직접 앓고 있지는 않으신가요
증상은 이렇다고 하네요
슬프고 외롭고 무섭고 불안하고
허무와 공허의 우울한 늪에 스스로 빠져들어
세상은 나를 티끌만큼도 쳐다봐주지 않는대요
외딴 섬에 홀로 고립된 채 카페인만 먹고사는
자존감이 몽땅 사라져버린 병

카. 페. 인.이 원인이라고 해요
각성! 각성하라고!
잠들어야 하는데 잠들지 못하고
카.페.인. 과다복용의 부작용인가 봐요
세상은 내가 깨어있는 게 불편한지
어서 중독에서 벗어나 잠들라고 아우성치네요

카.페.인.에 예민한 당신이라면
카카오 스토리, 페이스북, 인스타그램에 쉽게
상처받는 당신이라면
끊으셔야 해요
금단현상을 이겨내셔야 해요
내가 만든 나의 병이기 때문이지요

실체 없는 타인의 삶을 제발 믿지 마세요
부러움과 상대적 박탈감으로 나를 죽이지 말아요
삶의 페르소나
온전히 당신만을 믿고 사랑해보세요
당신 자신만이 항우울증 신경 안정제니까요

* 카페인: 카카오 스토리, 페이스북, 인스타그램을 한 단어로 결합한 신조어

3부

익선동 외나무다리

오래되고 한적했던 낡은 주택 사이로
수많은 다리가 놓였다
골목골목 불야성이 된 길은
불나방 같은 낯선 타인들로
발 디딜 틈 없이 소란하고 현란하다
오가는 입구와 출구 사이에 놓여있는
외나무다리
반가운 이를 만나면
어이 어찌 된 일인가 얼싸안다가도
혹여 악연을 만나면 영락없이
외나무다리에서 마주친 시절 인연의 운명
옷깃만 스쳐도 억겁 년이라는데
익선동의 좁은 골목길은
수많은 사람과 사연들이 잠시 머물다 가는
아득하게 긴 추억의 다리다
거미줄처럼 얽혀 흔들리는 오래된 출렁다리이다

시간의 열차

마곡대교 위 열차는 한 치의 오차도 없이
정해진 시간을 따라 선로 위를 쏜살같이 지나간다
삶의 시곗바늘도 째깍째깍 돌아간다

시간의 그림자에 갇힌
나는 지금 어디를 향해 가고 있는가
걸어도 걸어도 막연한 강가에서
희로애락이 교차하는 그 지점에서

잡히지 않는 뜬구름처럼
머릿속은 두둥실
쉴 새 없이 떠밀려오는 언어의 물거품들을
보내고 스치고 바라보면서

서두르지 말고
뒤돌아보지 말고
마곡대교 아래 강물처럼 천천히 걷는다
시간의 열차가 빠르게 막 지나간다

공중의 섬

순항고도는 10,000피트 이상
평균 시속은 평균 900km 정도
외부 온도는 영하 40도가 넘는 공중의 섬에는
하늘을 뚫고 빛이 알을 낳는 동안
사람들이 함께 산다

밥을 먹고 차를 마시고
게임과 영화를 보고
책을 읽고 쇼핑도 하고
놀다 지치면 이별과 추억과 사랑의 꿈을 꾸며
잠이 든다
평생 같은 열다섯 시간
압축된 필름
함축적인 인생사

격리된 삶의 은유
스스로 들어와 살지만
타의에 의하지 않고는 결코 나갈 수 없는
공중의 섬
뜬구름 같은 이 섬에도 희로애락의 도가 있다

망각법

아들 생일상 차려주려고 시장에 갔다가
좋아하는 돼지 볶음 재료를 고르다가
앞다릿살 너무 두껍네
뒷다릿살 너무 얇아
볶음복음볶음복음 하면서도
제육볶음 그 생각이 안 떠올라
돼지 불고기용이요
두루치기 용이요
볶을 거요
복음이요
하면서도 금방 제목이 떠오르지 않는다

말이 음표처럼
줄타기하듯 아슬아슬 휘청거린다

망각의 마법에 걸려
번개처럼 잠깐 일어난 일이지만
돼지복음 제육복음 해가면서
얇든 두껍든
버무리든 삶든
굽든 볶든
입으로 들어가 먹으면 다 같은 돼지고기지만

덜컥 겁이 났다

시상도 시어도 기억도 상상도 잃고
아이고 '시 다 놓치겠네' 싶어서

나이 듦에 대한 소란

나무야,
남루한 육체에 의미를 부여하는
전설과 신화는 이제 죽은 이야기야
각화된 껍질 벗기면 드러나는 붉은 살
욕망의 검은 띠를 두르고
미화된 나이테로 두꺼워지지는 말자

나무야
둥근 비명을 지르며 잘려나간 시간은
생명의 비린 습기를 품은 서글픔이야
검버섯이 번져가는 얼룩진 혈색은
무미건조한 삶의 고단함이 묻어
여행 직후 여독처럼 투박하게 검붉다

나무야
그리움은 점점 밋밋해지고
사막에서 불어오는 검은 모래바람은
오아시스 없는 우리들의 자화상이야
잘 익은 단풍은 환하지만
세월에 흔들리며 나이 듦이 조금 소란스럽다

베트남 쌈을 먹으며

알록달록 예쁘고 맛있는 쌈이 그리운 날
이런 시를 쓰기도 합니다
하얀 접시에 무지갯빛 켜켜이 신선한 재료를
담으면
한 마리 공작새가 날개를 펼친 듯 화려해지는
베트남 쌈

뜨거운 물 속에 얇은 라이스페이퍼를 담그면
시가 적당하게 녹아 흐물거리죠
무엇을 섞어 나의 맛을 만들까
채소만 담기도 하고
고기나 새우를 섞어 돌돌 말기도 하고
보지기처럼 묶어서 먹기도 합니다.

고소한 땅콩 소스를 좋아하지만
생선 액젓 소스로 찍어 먹기도 해요
퇴고의 고민과 갈등을 거치면
가장 맛있고 풍부한 베트남 쌈이 만들어지고
더욱 풍성하고 흥겨운 맛이 나도록 오물거리며
이렇게 쌈을 먹는 날도 있습니다

헤어질 결심*

누구나 인생을 걸만한 사랑 하나 있었다면
무엇과도 바꿀 수 없는 진짜 사랑이었다면
첫 만남 쌉쌀한 그 황홀함으로
잊을 수 없는 기이한 매력으로
온몸을 관통하며 전해지던 짜릿한 쾌감들

불면의 한밤중
애연가의 담배 한 모금처럼
가슴 속 깊숙이
뼛속 마디마디
온몸으로 향기를 품으면 고요하게 스미는 환희

숱하게 만나고 헤어졌던 순간의 염문과
신성한 몸짓으로 의식을 치르듯
한 방울의 마지막 진액마저도
몸서리치게 밝히고 밝히게 했던
결코, 결심할 수 없는 결심이다.

새로운 맛과 향, 황홀의 몰입을 선사하고
정신을 지배하고 육체는 정복당했던
카페인의 막강하고 위협적인 굴레에서 벗어나
헤어질 결심을 진지하게 감행한다.
커피여 안녕,

* 박찬욱 감독의 영화 제목에서 차용

아픈 손가락
-우정이란 이름

거짓과 진실은
떳떳한 손의 앞뒤를 닮아
손등은 찬사와 미화된 감동으로 매끈하지만
손바닥은 미세하게 긁힌 생채기로 움켜쥔 주먹을
만들기도 한다

'알고 있어. 사실을'
머리로 이해하는 이성적 끄덕임은 거짓이었을까
'내가 다 알아'
가슴으로 받아들이는 작은 진실은
슬픈 노래야!

머리에서 가슴까지 거리는
거짓에서 진실까지의 거리와 닮았다

차가운 머리와
뜨거운 심장이 만나
다짐하고 다듬고
버티고 버티다
찢기고 상처받았던
푸른 빛의 흉터는 아물지 못하는 아픈 손가락이다

처음이 있던 그 자리에

맨 처음 잡았던 당신 손의 온기는
차가웠던가 따뜻했던가
녹아 흐르는 빙하처럼
지나가 버린 봄은 선명하게 기억나지 않는다

망각 속 그대와 입맞춤은
뜨거웠던가 서늘했던가
두텁고 거칠게 굳어버린 비애
휘발되어 남는 존재로의 그것

초록의 품 안에서 붉어진 단풍은
낙엽이 되어 쌓여만 가고
텅 빈 나무의 시간에 나이테가 그려지면
그대는 거기 있었던가 사라졌는가

기억은 언제나 오류 속에 갇혀
처음이 있던 그 자리에
돌아온 계절은 번번이 다른 추억을 떠올리게 하고
우리의 시간은 돌아오지 않는다

유효기간

오랜만에 대청소를 시작했다
서랍 구석구석 숨겨놓은 사연들이
먼지와 함께 뒹굴고 있다
무릎을 펴고 털썩 주저앉아
시간의 거리와 비례하는 기억들을
순서대로 펼쳐본다

비워야 사는 운명이다
버려야 사는 목숨이다
실체는 없고 그저 쌓아놓았던
욕망과 그리움의 흔적들이
유효기간이 지난 채 죽어있다

몇 년 몇월 몇 시로 정해놓고
딱풀처럼 딱 붙어 꼼짝 못 하게 만드는
기쁨이든 슬픔이든
미련이든 아쉬움이든
푸르른 날, 이미 지나간 추억이다

하늘색 종량제 쓰레기봉투 한가득
게으른 결단과 확신과 거짓들이
이날을 기다리고 있었다는 듯
유효기간만 믿고 살아왔던 운명의 장난
오늘에서야 처분되었다

예삐 엄마

첫 아이 세 살 되면서 아파트 일 층에 있는
놀이방에 보냈어
이름도 예쁜 '예삐네 놀이방'
딸 이름을 따서 만든 그곳에는 네 명의 아이들만
놀았지
혼자 크는 딸에게 친구를 만들어주려고 시작한 놀이방
네 명의 아이들은 모두 동갑내기
엄마들도 비슷한 또래의 초보 엄마였지
눈만 뜨면 놀이방에 데려다 달라고 떼쓰던 아이
언제나 환하게 웃으며 활짝 안아주는 예삐 엄마
먹이고 놀아주고 씻기고 재우는 다섯 시간의
그곳은 천국이였어

우리는 진짜 이웃이었지
멀리 사는 가족보다 가깝다는 아파트 이웃사촌
아이를 함께 키우는 육아 동지로
서로의 속마음도 털어놓으며 울고 웃었던 진짜 친구
예삐 엄마
다시는 돌아오지 않을 정겹고 사랑스러운 시간
아득한 시간을 거슬러 회상해보니
아이들을 통해 만났던 다시 없는 가족이었다
아련하게 피어나는 서늘한 그리움이네

풍경

광화문 교보문고 입구 지하도 계단에
두 사람이 앉아있다

아래 계단 차가운 시멘트 바닥에는
동냥 모자로 공짜 동전을
구걸하는 남자

위쪽 계단 얼어붙은 시멘트 바닥에는
설탕을 녹여 하트와 별 모양을 찍은
달고나로 동심을 파는 여자

싸구려 적선이 담긴 동전을
슬쩍 꺼내 감추는 할아버지

옛 추억이 담긴 그리움을 팔고
당당하게 돈을 받는 할머니

카메라 렌즈 속 한 컷에
두 장면의 풍경이 함께 잡혔다

루후마항*

길 속에 시간이 누워있다
종탑에서 울리는 종소리가 내려앉는 동안
마을은 한 장의 그림엽서처럼 평화롭다
사람의 뒷모습으로 서 있는 노송은
사이프러스의 영적 에너지와 어우러져 신비한
풍경이 된다
카뮈의 작고 소박한 돌무덤을 찾아
옮기는 발자국에는
애도의 무늬가 새겨지고
한 인간의 고독이 내 가슴 안으로 밀려든다
쓸쓸하고 초라하지만 아름답다
석양이 진 마을에는 무채색의 그늘이 담백하게
다가서고
첫걸음에서 마을을 벗어나는 마지막 발걸음까지
나는 그의 이방인을 떠올렸다

* 카뮈가 사랑하고 마지막 여생을 보냈던 작은 마을

아를*의 바람

론강에서 불어오는 바람은
나를 기어코 쓰러뜨려 보려는 듯
폭풍처럼 거세고 혹독하다

자신을 스스로 움켜쥐고 무너지지 않게
내가 나를 붙들고 강둑을 걸었다
고흐도 같은 마음이었을까

도심 불빛으로 가득 찬 론강의 물결
따뜻한 평온과 위로가 얹히는 고요한 별빛이
노곤한 침묵으로 바람에 맞서는 나에게로
스며든다

* 아를: 빈센트 고흐가 사랑했던 도시

사유의 방

겨울 숲을 걷는다
몇몇 희망을 믿는 푸른 잎사귀
힘겹게 매달려 있고
여름에는 보지 못했던 나무 속살은
눈물겹게 창백하고 앙상하다
뼈의 무게는 슬픔보다 쓸쓸함이 더 커서
찬바람의 서러움을 온몸으로 받아들인다
지금, 이 순간 여기 있다는 기쁨이
한 줄기 눈부신 저녁 햇살을 통과하면
무겁지 않은 단단함으로
가볍지 않은 투명함으로
인내한 삶의 시간은
한결 늠름하고 여유로워진다.
내면으로부터 차오르던 의심과 질문들이
사유의 공간을 휘돌며 경이롭게 흘러간다.

4부

가족관계증명서

주민센터에서 600원을 지급하고 받아든
가족관계증명서
나의 아버지 나의 어머니
남편 그리고 두 아들
이게 나의 가계도다

아버지와 엄마로부터 내가 태어나고
나와 남편으로부터 두 아들이 태어나고
오롯이 나를 중심으로
위아래로 이어진 함수 그래프처럼
시아버지 시어머니도
며느리와 손자도
언니와 오빠, 남동생도 없는
나에 의한 나를 위한 나의 가족관계다

종이 한 장에 순정한 나의 인생이 들어있다.
수학 문제의 기본 공식을 풀어 혈통을 증명하듯
가족관계증명서에는
가장 단순하고 순혈한 가족이 살고 있다

혼자 눕는다는 것에 대하여

아흔두 살의 노모는 여전히 아름답다.
친정아버지를 13년 동안 자신의 몸처럼
정직하게 보살피셨다
마지막 가는 길 귓속말로 속삭여준 말은 이제
모두 잊고 편안히 가세요
사별의 우울증과 불면의 시간을 거뜬히
떨쳐내신 후
단 하루도 삐걱거림이 없는 담담한 일상
등은 살짝 굽어가나 허리는 언제나 꼿꼿하다.

이른 잠에서 깨면 고요한 맨손 체조
소박하고 정갈하게 스스로 차린 밥상에
홀로 앉아 식사하신다.
외로움도 오래되면 그럭저럭 편안한 친구여서
자식이고 이웃이고 번잡한 수선스러움이 오히려
피곤하다

당신이 욕심낸 만큼의 보폭과 속도로 걷는
산책은
매일 조금씩 느리고 느려져
움직이는 정물화처럼 아름다운 풍경이 된다
대체로 느려지고 무한히 평화로워진다

스물여덟 평 아파트는 작은 운동장
오차 없는 동선이 거미줄처럼 견고하다

삼시 세끼의 힘,
하루 스물네 시간의 흘러감,
하루도 빠짐없는
아름다운 저녁기도는 늘 자손을 위한 것
살아있는 부처가 돼버린 삶의 안온함
안빈낙도를 닮은 생은
넘치지도 결핍하지도 않고
일상은 퍼즐처럼 맞추어지고 시간은 쌓여간다

홀로 눕는다는 것
홀로 잠든다는 것
아침 햇살을 홀로 맞이한다는 것
새벽 소변과 빈속에 마시는 물 한 잔
비우고 채우는 생명의 리듬
시간은 소리 없이 흘러가고 또 다가서고
경이로운 생은 탑을 쌓는다

구순 노모의 시간은
완성을 향한 것도 아닌데 완성되어가고
건조해진 목소리에는 살아있음의 노곤함이
감지된다.
혀끝에서 느끼는 오감의 자극은

씁쓸하고 짭짤해도
희미하고 아득해도
한 입의 달콤한 유혹이 목구멍으로 넘어갈 때
전해지는 환희
고귀하고 견고하고 아름답지만
눈물겹고 외롭고 고단하다

불꽃처럼 잠시 피어오르는 열망
아직 다 거두지 못한 애착
물리치고 싶은 집착
마음의 물길 그 혼탁함이 다 가라앉아도
흔들리는
생에 대한 억척스러움
우울과 조울을 넘나드는 변덕스러움
살아있음보다 살아야 한다는 집념은
의지도 의욕도 아니다.
삶을 지키는 인내는
생명이면 마땅히 누려야 할 권리이자 의무이다

혼자 눕는다는 것의 슬픔이
오늘 유독 고단함으로 무거워 보이지만
노모의 어깨에 얹혀있는
외롭고 고독한 생의 무게가 평안의 이름으로
가뿐하기를
잠 속에 깃든 경이로운 삶의 숨결이 따스하기를

다시 떠오르는 햇살에 환하게 기지개 켜시기를

* 1932년 임신생 친정어머니는 현재 94세이다. 여전히 아름답고 고요하고 정정하시다. 감사와 기쁨으로 노모의 건강을 두 손 모아 기도하고 존경의 마음을 담아 이 시를 바칩니다.

결혼행진곡 1
- 그럼에도 불구하고

둑이 터져 범람하는 강물의 소용돌이
거침없고 폭력적인 물거품을 품고
코로나19는 결혼식장 안까지 쳐들어왔다.
환희의 풍경과 새 출발을 알리는 축복의 팡파르
화사한 온도를 준비했던 신랑신부
애매하고 모호한 축하객들
소리 없는 빈 박수만 쏟아내고 있다

그럼에도 불구하고
신랑의 행진은 힘차고 의젓했고
신부의 첫걸음은 우아하고 고혹적이다
꽃가루는 조금 시무룩해 보여
힘없이 흩날리고
주례선생의 힘찬 다짐과 격려는
안간힘을 쓰며 홀을 돌고 돌아
마스크를 쓴 모든 축하객의 기분을 살폈다.

그럼에도 불구하고
거대한 코로나 쓰나미와 맞서
사랑은 시험에 들었으나
산을 넘고 강을 건너
언젠가는 무엇이든 웃으며 말할 수 있는

넘어가는 생의 고갯길
결론을 말하지 말고
오늘은 축복의 팔짱을 끼고
신랑신부 행진!

결혼행진곡2
- 환한 기쁨

마스크에 감춰진 눈빛은
굳이 말하지 않아도 웃고 있다
오가는 축복의 마음
맞이하는 감사의 마음
작은 근심과 큰 배려로
잔칫집 시끌벅적한 소리로
꽃잎들은 향기를 품고
행복의 리본을 매달고
공중을 향해 둥둥 솟아오른 축하의 애드벌룬
그윽한 화촉은 아름답고 따뜻한 위로
시간은 사랑과 추억을 물고
오늘 비상하는 한 쌍의 원앙 앞에
새로운 희망의 박을 터트린다
긴 여정의 첫걸음
코로나가 선물해준 추억
바다 건너 구름을 타고
시간의 고개를 넘어서면
신랑신부 가슴에 환하게 빛나는 기쁨
오늘이 특별히 사뿐해지리라

* 2019년 중국 우한에서 시작된 COVID19의 메머드급 공포가 전 세계를 휩쓸었다. 우리나라도 예외는 아니어서 대구에서 시작된 감염자의 확산이 드디어 서울에까지 급속도로 퍼져나갔다. 그 당시 결혼 날짜를 잡고 행복과 설렘으로 가득한 결혼식을 기다리던 예비 신혼부부의 낙담과 불안함은 이루 설명할 수가 없었다. 그런 와중에도 용기 있고 차분하게 평생 잊지 못할 결혼식을 치른 신랑 김효준과 신부 정혜인의 새 출발에 깊은 감동과 자랑스러움을 느낀다. 2020년 4월 11일 토요일, 화사한 날씨와 축하객 모두의 축복 속에 너무나도 아름다운 결혼식을 무사히 치른 큰아들과 맏며느리에게 이 시를 축하의 마음을 담아 싣는다.

태양*이 떠오르다

태초의 오묘한 씨 하나 날아들었습니다
깃털처럼 가볍게
활화산처럼 뜨겁게
금강석처럼 단단하게
자신의 존재를
태양이란 이름으로 새겼습니다

이백팔십일이 천년처럼 길어
사랑에 풍덩 빠진 혼자 마음으로
아득한 기다림의 시간
황홀하게 보내오던 수신호
쿵쾅쿵쾅 쿵쾅
똑똑똑 건드리면 안녕하답니다

태양아,
매일 매일 떠오르는 눈부신
생명의 빛으로
환하게 세상을 밝힐 아름다운 이름이니
밝고 맑은 따뜻한 천성으로
세상을 밝혀줄
영원한 태양이 되어 건강하게 만나자

* 태양: 첫 손자의 태명

지한知漢*을 만나다

밝은 빛이 아침부터 눈부시던 날
예정된 운명처럼
고요하고 초조한 기다림
정지된 침묵의 시간은 길고 지루하다

태초 어디서부터 날아든 기적의 천사인가
열 손가락 야물게 두 손 움켜쥐고
세상 밖으로 우렁차게 첫울음을 터트린다

핏덩이,
태초의 자연,
생명의 기적 앞에서 온몸 전율한다
인생이라는 뜨거운 삶을 시작하는
한 시대의 같은 시간을 함께 밟기 시작했다

지한아,
사랑과 믿음으로 언제까지나
희망의 환한 기쁨과 축복으로
세상을 빛낼 따뜻하고 오묘한 빛으로
굳건하게 성장하리라 두 손 모아 기도한다.

* 지한(知漢): 첫 손자의 이름

유안*을 위한 노래

우주 하나가 내게로 왔다
깃털처럼 가볍지만
단단한 심지가 박힌 작고 강력한 에너지로
다가왔다
세상을 향해 똘망지게 뜬 눈
가늠할 수 없는 심연처럼 신비롭다
깊고 진한 눈빛으로
까만 눈동자에 박힌 별빛으로
서늘한 따스함으로
어디에서 나에게 온 거대한 존재인가
어디서 비롯된 생명인가
신비하고 위대한 탄생
묵직한 경건과 경이로움이
가슴 깊숙이 박혀 마음은 활화산처럼 뜨거워진다
벅찬 설렘을 가늠 길 없다
존재만으로 위대한
생명만으로 귀한
웅장하고 거룩한
야무지게 움켜쥔 두 손을 모아
생의 걸음걸음 힘차게
깊고 넓게 높게
저 자신의 의지와 의연함으로 헤쳐나가길

언제나 꿈꾸는 세계를 만들어가길
고맙고 기쁘고, 사랑해

* 유안(柚矸):첫 손녀의 이름

가을빛

황금빛 들녘에 뿌려진
따스하고 화사한
문득 고소한 밥 냄새 같은 그리움이
눈이 부시게 빛나는 계절을 껴안는다

번지고 번지며 퍼져가는
퍼지고 퍼지며 번져가는
구름을 뚫고 내려앉는
은총 같은 가을빛

가슴 시리게 흔들리는 마음
기억이 불러들인 서늘한 바람
기도처럼 기적처럼
축복의 강물이 넘실거리며 흘러간다

동백꽃*은 떨어지고

매섭고 찬 겨울빛
바람이 세차다
차디찬 겨울 푸름 속에서
얼굴을 스치며 달아난 바람의 흔적은
양 볼 한가득 동백꽃으로 붉다

수줍다기엔 너무 당차고
어리다기엔 너무 야무진
붉게 붉어지는 어린 꽃봉오리
단단한 가지 사이로
수줍어 숨은 겨울 햇살이 환하다

짧고 애틋한 시절 연인처럼
무심히 동백꽃은 떨어지고
떨어진 꽃잎은 너무 생생해
오랜 잔향의 깊은 슬픔과 고독
새봄의 희망으로 한동안 시들지 않는다

*제주 까멜리아 힐에서

비자림榧子林*에서

마음은 평온의 날개를 달고
고요하고 신비한 시간을 걷는다
천년의 무게로 내려앉는 햇살은
빛이 드리운 그림자의 걸음으로 그늘이 된다

나뭇가지에 앉은 지빠귀 한 마리
가만히 귀 기울이면 투명한 소리의 열락
깨끗하고 예민한 노래는
절대 청감을 지닌 우주 새 같다

송이 화산석을 뽀드득 밟고 걷노라면
우주적 교감으로 뺨에 닿는 손길
부드럽게 스쳐 가는 바람의 온기에
휙 뒤돌아보면 깃털처럼 벌써 사라지고 없다

* 비자림: 천년의 세월이 녹아든 제주 구좌읍 평대리에 있는 비자림은 500~800년생 비자나무들이 자생하는 세계적으로도 희귀한 장소다.

비 오는 한림해안에서

갈매기 날아들어 배회하는 해안 길모퉁이
비에 젖은 찻집 문을 무심히 연다
봄빛 녹아든 따스한 찻잔에 담긴 우울
길 가던 나그네 되어 해 질 녘까지 서늘한 물멍에
빠진다.

비 내리는 바다는 차분하다
힘을 빼고 앉은 고요한 침묵으로

아득히 떠 있는 수평선 끝자락의 환상은
빗물이 스며들며 소리 없이 풍요롭다

유리 통창 밖으로 펼쳐지는
회색빛 구름 속으로 번져가는 주홍빛 노을
문득, 어느 하루의 젖은 낭만이
시간이 멈춘 기억의 바다를 노래한다

고향의 의미

'코스모스 피어 있는' 나훈아의 고향 역도
'복숭아 꽃 살구꽃 아기 진달래'의 고향 마을도
아니지만
눈 감으면 마음 애틋해지는 나도 고향이 있다

어린 시절 방학이면 어김없이 달려갔던 외가
드넓은 들판과 너무 길어 아득하기만 하던
신작로
미루나무를 세차게 흔들면 들리던 바람 소리와
뻐꾸기
귀가 얼얼해지도록 울어대던 매미 울음소리
눈을 뜰 수 없을 정도로 시리게 내리쬐던 눈부신
뙤약볕
온종일 뛰어다녀도 숨이 차지 않았다
맑고 개운하게 맛있던 공기
논길 옆 좁은 도랑을 발로 차면 살랑거리며 튀어
오르던 미꾸라지
종아리에 달라붙어 피를 빨던 징그럽고 소름
돋던 거머리와
외가 앞마당을 가로지르며 한가롭게 기어가던
새끼 비단뱀
닭장 앞에만 서 있어도 푸드덕거리며 소란스럽게

흩어지던 소심한 암탉
흰 거품을 물고 되새김을 하며 짚 똥을 누던
누렁소
지저분하고 질척한 돼지들의 억척스러운 먹성
뒷간 널빤지 사이 시커멓게 입을 벌리고 있던
똥통 귀신
툇마루에 걸터앉아 바라보던
서늘하고 서럽게 푸르렀던 보름달
무릎베개에서 잠결에 맡았던 외할머니 냄새

그리움은 시의 언어다
희미하게 더듬던 기억의 공간 속에 빛바랜
망각의 시간들
아주 먼 꿈속의 고향이 아득하게 기지개를 켠다

고래, 하늘을 날다

나 어릴 적 꿈은 하늘을 날아보는 거였다
신비의 깊은 바다 동굴 속을 빠져나와
숨구멍에 회전 날개를 달고
바다에서 배운 잠영 실력으로
하늘로 솟아올라 우주 탐사선으로 변신해보는
거였지
솜사탕 같은 뭉게구름 속으로 숨바꼭질하듯
숨어들어
우주를 떠도는 길 잃은 어린 별들을 찾아내고
싶었어
새파란 하늘에 고래 지느러미가 만드는 알록달록
바다 무늬를 칠해 둘 것
바람의 환호 소리를 온몸으로 느끼며 하늘을
날 것
프로펠러를 힘차게 돌려라
무지갯빛 어린 고래들이 열어주는 꿈의 빛을 따라
환희로운 영혼의 노래가 온 우주로 퍼져갈 때
코발트 융단이 깔린 푸르고 영원한 나라로 가고
싶었다

새벽의 기쁨

어둠과 빛이 만나는 순간
천국의 푸른 빛으로 퍼지던 새벽하늘은
희망의 상쾌한 공기에 싸여 환한 빛 자리가 된다

시간이 사라진 명상의 아지랑이 속으로
투명하게 떠다니는 푸른 향기의 꽃
깨끗한 아침의 고요함으로

유연하게 새로워지는 기쁨
지난밤 짧은 꿈에 드리웠던 서늘한 그늘도
가벼운 시어가 되어 하늘로 부드럽게 퍼져나간다

[시 해설]

아득한 삶과 그리움의 길에서 진솔하게 우러난 시

이경철(문학평론가)

"끈적하게 맺힌 낙타의 눈물을 바라보면/나도 뜨거운 길을 나서게 돼요/삶의 난해한 질문을 등에 업고/쉼 없이 뒤바뀌는 사막의 모랫길을/낙타, 그대라면 믿고 따라 걸을 수 있으니까요"- 「낙타의 눈물」 부분

삶과 시가 여일하게 나가는 믿음직한 시

금동원 시인 다섯 번째 시집 『흔든다고 흔들리다니요』는 지금 우리네 삶에서 시가 우러나오고 있어 쉽고 생생하게 읽히면서 만만찮은 깊이가 있다. 삶이 곧 시 쓰기이고 시는 이러저러한 삶에 맛과 멋, 그리고 의미를 주는 행위임을 시 쓰기 자체를 통해 드러내려 하고 있다. 해서 생성형 인공지능 AI가 그럴듯하게 시를 쓰는 우리 시대에 가없는 인간의 첫 마음, 정체성을 실감으로 보여주고 있다.

이번 시집 적잖은 시편에서 금 시인은 일상생활

에 밀착해서 시와 시 쓰는 자세를 여러 각도에서 보여주려 시도하고 있다. 때론 이지적, 성찰적으로 때론 그와 상대되는 감성적, 감각적으로. 때론 정체성이 흔들리면서 때론 첫 마음, 순수, 본질, 그리움을 직격하면서. 그러면서 우리네 생과 시의 궁극을 향하는 모습 그대로를 보여주려 애쓰고 있어 진솔하게 읽힌다.

해서 이 해설 맨 위에 제사題詞로 인용한 시 「낙타의 눈물」처럼 이번 시집을 믿고 따라 읽다 보면 삶의 길, 시의 길이 훤하고도 깊게 보일 것이다. 뜨거운 사막의 빈 강, 실존의 생을 건너며 소리 없이 눈물 끈적하게 맺힌 낙타의 눈물 같은 시적 진실, 삶의 궁극과 만나게 될 것이다.

"당신을 듣는다는 것은/당신에 대해 말하는 것보다/힘들게 인내하는 일입니다//이해하지 못하는 언어는/귓바퀴에 걸려 넘어지고/말이 될 수 없는 언어는/연소 되지 못한 굴뚝 속 연기처럼/뿌연 회색빛으로 흩어집니다.//거기 그대와 함께 있었습니다/강물이 흐르고 있었으나/바람도 함께 불고 있었으나/진실을 듣지도 말하지도 못하는/난청의 시대//당신을 그리워하는 것은/당신을 사랑하는 것보다/훨씬 힘이 드는 일입니다"
- 「난청의 시대」 전문

권두시 격으로 이번 시집 맨 앞에 올린 시다. 시집 전체 시편들을 포괄할 수 있는 주제와 이끄는 힘이 있어야 권두시에 오를 수 있다. 「난청의 시대」는 제목처럼 본질에 가닿기 힘든 말, 그리고 그런 시와 삶을 경어체로 솔직하게 고백하고 있다. 삶과 시 쓰기 체험을 진솔하게 성찰하면서 '당신'과 '그대' 앞에 고백하고 있어 살갑고 공감력도 넓고 깊다.
　사랑하는 당신 앞에서 말로 그 간절한 사랑의 속내를 전하기 참 힘들다. 아무리 그 마음 전하려 해도 온전히 다 전할 수 없는 게 우리네 삶과 시의 본질 아니겠는가, 시의 언어도 그렇고 우리네 사랑도 그렇다. 「난청의 시대」는 그런 불구의 언어와 우리네 사랑을 동일시하며 때론 이지적으로, 때론 감성적으로 쓴 시로 읽힌다.
　소리와 뜻, 기표(記表, 파롤)와 기의(記意, 랑그)로 결합 돼 의사를 원활하게 소통하게 해 인간을 자신만의 즉자적 존재에서 사회적인 대자적 존재로 살게 한 언어. 언어는 실재를 기호화한 대신에 인간을 그 실재의 본질이며 진실과 차단해버렸다. 그래서 불교의 언어도단言語道斷, 도교의 도가도비상도道可道非常道라는 말이 나왔다. 현대 문예이론가들도 '언어는 실재, 진실의 능력 밖에 있다'는데 대체로 합의하고 있다.
　위 시에서도 '강물이 흐르고' '바람도 함께 불고' 하는 강언덕에서 당신과 함께 대자연과 사랑의 현상, 실상을 보고 느낀 것 같으나 말할 수 없는 안타까움을 전하고 있다. 그러면서 언어와 삶의 속내를 위 설명처럼 조곤조곤 살피게 하고 있다.
　그러면서 마지막 연에 이르러서 시와 모든 예술, 그리고 우리 삶의 알파요 오메가인 '그리움'을 말하고 있다. '사랑보다 그리움이 훨씬 더 힘든 일'이라고. 진실로 그리워하고 시를 써본 자만이 모든 체험 다 걸어야 나올 수 있는 속 깊은 말을 에피그램, 경구 식으로 전하고 있다.

"하늘을 뒤덮은 황사/누렇게 쌓인 시간 속에서/언제나 제자리를 지키는 건 첫 마음뿐//속인 것도 아니고/속은 것도 아닌데/우리는 속인 듯 언제나 모두 속았다//매우 나쁨/붉은 경고등으로 뒤덮인 하늘은/수상하리만치 아득하게 짙푸르다//목멘 뿌연 황사가 다시 몰려온다/초미세먼지는 결이 너무 고와서/눈이 시리게 고요하고 서글프다"

-「기억의 강」 전문

뿌연 황사 속에서 첫 마음의 고요하면서도 서글픈 무언가를 목메어 찾고 있는 시다. 아득한 기억의 원점이며 정체성 혼란의 최첨단 현재를 황사 속에 다 포괄해서 붙잡으려 하고 있다. 그러면서도 혼란에 함몰되어 속이려 하지 않고 '첫 마음'을 강조하고 있어 믿음직하게 읽힌다.

"추상의 시간/관념의 공간/맑아지지 않는 노래/겉멋을 부리며 소리쳤던 허위의 목소리/판단을 유보하며 버텼던 허상의 시간/진심을 한 번도 의심해보지 못한 채/쌓아 올렸던 공중을 향한 꿈의 돌담은/무너져내린 것이 아니라/아예 처음부터 쌓지 않았던 꿈속이었다/변명의 여지 없는 선명한 진실만이/지금 무너진 시의 잔해 앞에서/모든 것을 보여주고 있다"
－「그 정도밖에」부분

　자신의 시, 작금의 잘못된 시단에 대한 철저한 반성과 부정에서 나온 듯한 위 시 대목처럼 요즘엔 시간과 공간이 너무 추상적이고 관념적이다. 시는 그와는 반대로 구체적이고 생생해야 하는데도 말이다. 그래 시가 맑지 않고 뿌연 황사 속을 헤매는 듯한 시편들이 우리 21세기 초반을 휩쓸었다. 첫 마음, 진실이 없어 사상누각처럼 이내 허물어지고야 말 삶과 시들이.

　그래 황사 속 붉은 경고등이 켜진 것 같은 우리네 삶과 시에서 시인은 '변명의 여지 없는 선명한 진실만'을 보여주는, 삶의 궁극을 시로써 찾아가고 있는 시집이 『흔든다고 흔들리다니요』다. 그래 이번 시집을 쭉 읽다 보면 지금 우리가 처한 삶의 여러 국면과 함께 시단에서 작금에 쓰이고 있는 시편들의 여러 양상을 효과적으로 성찰할 수 있을 것이다.

의미와 소리, 이성과 감성 틈새서 나오는 시적 진실

"며칠 전 꽃시장에서 사 온 프리지어 화분/꽃대에 갓 솟아오른 노란 꽃봉오리/여린 줄기 이리저리 휘어지며 흔들린다//흔들린다는 것은/중심을 잡기 위한 몸부림이다/빛나는 아름다운 몰입//(중략)//이제 태도와 의미를 버린다/노란빛의 우주적 이끌림에/마음은 하염없이 포근하고 여유롭다"
　　-「분위기란 이렇게 만들어지는가」부분

　꽃봉오리를 맺기 시작하는 프리지어를 보고 그런 꽃과 한마음이 되어가며 느낀 바를 그대로 쓴 시다. 솔직히 쓰면서도 아포리즘 같은 지적 성찰과 감상적 감성이 함께하고 있다. 제목에서 툭, 불거지고 있는 '분위기'란 말에 특히 유의하고 싶은 시다.
　'꽃'이나 '시'나 '삶'으로 해도 좋을 것 같은데 그런 명확한 의미의 실체를 대신해 느낌이나 기분을 나타내는 '분위기'로 잡았을까. 그러면서 왜 '이제 태도와 의미를 버린다'고 했을까. 커다란 꽃봉오리들을 맺기 위해 여린 줄기가 흔들리고 시인도 흔들리기 때문일 것이다. 지금까지 믿어왔던 신념이며 뜻이 흔들리며 '우주적 이끌림'의 기분에 빠져들고 있기에 '분위기'라 했을 것이다.
　해서 '흔들린다는 것은/중심을 잡기 위한 몸부림이다/빛나는 아름다운 몰입'이란 아포리즘적 절구가 터져 나온 것이다. 그렇다. 의미를 버리고 타성화되어 굳은 태도를 버릴 때 매양 새로운 삶은 터져 나오고 시도 나오는 것이다.
　실제이며 본질로 직격해 들어가는 언어나 삶의 의미는 이카루스의 밀랍 날개처럼 불타 녹아내릴 수밖에 없다. 분위기, 이끌림에 변죽만 울려 본질을 보게 하는 것이 좋은 시 아니던가. 시의 그런 심급, 분위기를 꽃망울을 맺기 위해 줄기가 흔들리는 프리지어와 한 몸 한마음이 되어 울리고 있는 시다.

"직박구리 노래하는 이른 아침/빛의 속도로 사라진 햇살은/사랑에 열광했던 젊음의 그림자처럼 상징적이다/꽃잎 빠르게 흔들리고/소낙비가 휘파람 소리를 내며 바람을 가로질러 간다/산책하던 발걸음을 되돌리며/시의 문을 닫고 나오고 순간/삶이 마주한 모든 풍경은/환상의 품고 사라지는 물안개처럼 신비하다/흙을 튕기며 솟아오르는 물방울의 소란한 아우성/내 입안에서 부르르 떨며 튀어나오는 노래//시쓴다 시쓴다"

- 「시쓴다 시쓴다」 전문

제목처럼 시를 쓰고 있는 시다. 좋은 시를 찾아 나선 산책길 위에서 쓴 시다. 책상머리에 앉아 뜻, 의미를 찾으며 머리만 굴려 쓴 시는 좋은 시가 아니다. 이처럼 밖에 나가 대자연과 어울리며 소리에 화답하는 시가 사람은 물론 삼라만상을 울리는 좋은 시다.

제목과 시 마지막 행을 연을 나눠 무게를 준 '시쓴다 시쓴다'에서 왜 띄어쓰기를 안 했는가 했더니 직박구리 노래 소리다. 소낙비 바람 가르는 소리, 땅 흙 튕기는 소리다. 아니 시인의 입안에서 튀어나오는 노래, 시 소리다. 의미, 랑그가 아니라 소리, 파롤로 써가는 시 참 경쾌하고 풋풋하다.

다만 '사랑에 열광했던 젊음의 그림자처럼 상징적이다'는 등의 아포리즘 같은 성찰, 의미가 제 잘난 채 끼어들어 잘 나가는 시 고개를 갸우뚱하게 한다. 우주적 이끌림, 시적 진실이나 비의는 의미와 소리, 이성과 감성의 긴장된 틈새에서 나온다.

"코로나를 앓고 난 후/포착되기 시작한 이 세계의 후유증/귓속 깊이를 헤아릴 수 없는/미지의 새로운 관계 형성이다//새싹 올라오는 소리 같고/가랑비 내릴 때 속삭임처럼/초가을 어린 여치 울음소리/살며시 밀려와 부서지는 파도 소리로 다가와선/귀밑에서 스르르 사라져버린다//존재 자체를 확인할 길 없지만/없다고 부인할 수도 없는/알지 못했던 공간의 낯선 감각/아주 가깝게 자주자주 조곤조곤/은밀한 비밀을 나누는 사이다"

- 「이명耳鳴」 전문

첫 연에 드러난 것처럼 몇 년 전 전 세계를 공포에 갇혀 살게 한 코로나 후유증으로 앓고 있는 귀울림 병, 이명에 대해 쓴 시다. 이 시처럼 코로나 팬데믹 증후군이 아직도 생생해서인가. 코로나 시편들도 이번 시집에 종종 눈에 띈다.

총 7장에 이르는 장시 「감금의 나날 - 오미크론 BA.5」에선 임상일지 기록하듯 시인이 온몸으로 앓은 코로나의 증상을 낱낱이 쓰고 있다. 온몸이 겪은 통증을 감각 그대로 쓰면서 그 감각에 들어맞는 삶의 의미를 성찰하고 있다.

위 시 「이명」에서도 이명의 증상, 귀울림 소리를 아주 감각적으로 드러내고 있다. 땅속에서 새싹 올라오는 소리, 가랑비 속삭이는 소리, 어린 여치 울음소리, 부서지는 파도 소리 등으로 세밀하면서도 서정적인 소리로 묘사해 나간다.

그러다 마지막 연에서 이명, 그 귀울림 소리 감각에서 삶의 우주적 비의, 분위기를 구하고 있다. 존재, 실재, 진리며 뜻만 구하다간 우리를 살가운 우주적 존재로 느끼며 살게 하는 비밀, 기운이며 기분을 놓칠 수 있다. 그래 뜻으로서보다는 소리로서, 온몸의 생생한 감각으로 우주적 삶의 실재에 다가가고 있는 시로 「이명」은 읽힌다.

인간의 정체성으로서 가없는 그리움의 서정화

"정체 없는 진실 앞에 우리는 무릎을 꿇어야 하나요?/공중에 세운 누각처럼 아슬아슬하지만/실체가 있다니!/오르락내리락 쉴 틈 없이 움직이는/주가의 무질서한 등락처럼/가상화폐와 닮은 내가 공중을 떠다닙니다"
- 「비트코인」 부분

가상화폐의 대표 격인 비트코인을 소재로 한 시다. 중앙은행에서 보증하고 통제받지도 않은 가상화폐들이 세계 곳곳에서 나와 온라인상에서 등락을 거듭하며 유통되고 있는 게 오늘의 현실이다. 비트코인은 실물인 금보다 더 매력적인 투자 상품으로 누구에게든 떠오르고 있지 않은가.

어디 가상화폐뿐이겠는가. 사이버 가상 세계에선 가상 가수들이 실물 가수보다 더 많은 팬들을 확보하며 우리네 현실로 들어와 활개 치고 있다. 이제 '가상'이 '실제'보다 더 현실적인 세계에 우리는 살고 있다. 가상과 실제의 구분이 사라져가는 시대에 당연히 인간의 정체성 혼란이 올 수밖에 없다. 그래 시인은 '정체 없는 진실 앞에 무릎 꿇으며' '가상화폐와 닮은 내가 공중을 떠다닌다'고 실토하고 있지 않은가.

"뒤돌아보지 마라/백만 년 만에 마주한 정갈한 미소는/시공을 초월한 그리움/길고 긴 기다림의 상징이다//(중략)//태양의 황금빛이 푸른 하늘길을 열 때까지/가을 코스모스가 땅의 길을 열 때까지/음유시인은 거문고 별자리에서/지극한 사랑을 노래하며 잠잠하게 기다린다"
- 「나의 오르페우스」 부분

사랑하는 아내를 찾아 지옥까지 내려가는 그리스 신화 오르페우스에 기대어 그리움을 노래하고 있는 시다. '시공을 초월한 그리움', '길고 긴 기다림의 지극한 사랑'이 변할 수 없는 인간의 운명이요 정체성이라고 영원한 음유시인 오르페우스를 빌어 노래하고 있는 시로 보인다. 이처럼 인간과 시의 정체성, 궁극으로서의 기다림과 그리움을 노래하고 있는 시편들이 이번 시집의 중핵을 이루고 있다.

"그리움이란 말 너무 흔해서/그립고 그리워도 그리워서, 라고는 못 쓴다/꽃잎 빛깔 생생하게/꽃비로 내려 황홀하게 쌓여가는 동안에도/공중의 순간을 향해/'보고있어도 보고 싶어'라고 말하는 순간/'너무 상투적이야.' 추억은 땅을 향해 곤두박질친다/사랑이 '사랑해요'가 되는 순간/혼탁한 빛으로 탈색되어 사라지듯/'그리워요' 입 밖으로 내뱉는 순간/휘발되고 남는 것은 진부하고 낡은/시적 언어의 비말뿐이다"
  - 「그리움이란 말 너무 흔해서」 전문

 첫 행을 그대로 제목으로 잡았듯 '그리움'이란 말이 너무 흔하다. 대중가요나 시도 그리움을 읊조리고 그림, 무용, 음악 등 모든 예술도 색과 몸짓과 음 등 각종 매체로 그리움을 불러일으키고 있다. 우리네 삶의 속내 또한 그리움과 기다림의 연속 아니던가. 그래서 너무 흔히 쓰이는 말이 그리움이고 그게 로봇이나 AI 등 인공물에는 있을 수 없는 인간 정체성의 한 뿌리일 것이다.
 그러나 그리움을 언어로 의미화하는 순간 그리움의 실재는 휘발돼버리고 만다. 앞서 살펴본 대로 실재의 부호일 뿐 실재에 온전히 가닿을 수 없는 언어의 불구성으로 인하여. 그런데도 말을 매체로 삼을 수밖에 없는 게 시여서 말로서 그리움의 시학을 펴고 있는 시로 위 시는 읽힌다.
 원래 하나였다 이제는 헤어진 너와 나의 안타까운 거리가 그리움을 낳는다. 아등바등 구차한 현실에서 세계와 우주 삼라만상과 온몸으로 만나 다시 하나 되고픈 마음이 그리움을 낳고 시를 낳는다. 실체와 이름이 하나였다 이제는 서로 겉도는 슬픈 너와 나의 안타까운 언어의 표정이 시 아니겠는가.
 너와 나, 꿈과 삶, 이상과 현실, 개인과 사회, 인간과 자연 어느 한쪽에 편안히 살지 못하고 그 사이에서 양쪽을 근심과 연민으로 살피는 것이 그리움이다. 그런 연민과 그리움의 정갈함으로 너와 나를 온몸으로 이어주며 감동으로 떨리게 하는 언어가 시다.

그렇게 해서 시에 드러나는 것은 결국 인간의 품위와 위엄, 그리고 우리 스스로 생각해도 신비스러울 정도로 가없이 깊고 넓은 우주 일원으로서의 인간이라는 존재다. 그래서 인간 존재의 깊이와 위의威儀, 정체성을 끝끝내 지키는 것이 시 아니겠는가. 좋은 시편들을 읽고 감동하며 내 나름대로 펴본 '그리움의 시학' 대강이다.

문제는 동서고금 하고많은 시인들이 읊조려 고리타분하게 상투화된 그리움을 어떻게 온전히 형상화해 풋풋하게 살려내야 하느냐에 있다. 그걸 고민하고 있는 시로 「그리움이란 말 너무 흔해서」는 읽힌다. 이번 시집에 실린 대부분의 시편이 온전한 그리움의 시학으로 가는 도정의 시편들로 보아도 좋을 것이다.

"아까워, 아까워/꽃잎 지나가는 저 순간/떨어져 흩날리는 저 순간/우두커니 서서 놓치기 싫은 저 순간/어쩔 수 없네! 저 순간/산다는 게 저 꽃잎처럼 지나간다는 걸/모른 척 시침 떼며 지나가도 될 텐데/계절은 왜 가르치려 드는지/쓸쓸함과 슬픔이 남은 저 순간/떨어지는 꽃잎/아까워 아까워"

― 「어쩔 수 없네, 저 순간」 부분

아파트 단지 내 벚꽃이 지는 걸 보는 순간 나온 시다. 일상의 한순간에 터져 나온 시다. 뜻, 의미로 쓴 시가 아니라 '아까워, 아까워'하는 탄성 소리, 순간의 느낌이 이끌어가고 있는 시다. 그 탄성에 시인과 벚꽃은 물론 계절의 흐름이며 우주의 삼라만상과 한순간 일체가 되어가고 있다.

이게 '너와 나는 같다'는 동일성의 시학과 '한순간에 과거는 물론 현재와 미래가 함께하고 있다'는 순간성의 시학인 서정의 양대 시학 아니든가. 그런 서정은 곧 '그리움의 시학'일 테고.

삶과 시의 생 체험으로 가닿은 꾸밈없이 자연스러움

"나이가 든다는 것은/봄날의 화사한 꽃나무 사이로/꽃잎 흩날리듯/마음의 창에 떠다니는 구름 한 조각 희망으로 얹혀놓는 일//배추흰나비 한 마리/봄바람 꽃밭 속을 제 마음대로 날아다니며/앉을 곳 찾아 떠다니고 팔랑거릴 때/눈앞은 늘 그리움으로 아득해진다"

- 「비문증飛蚊症」 전문

나이 들면 눈에 적잖게 나타나는 증상인 비문증을 제목과 소재로 한 시다. 병명 그대로 눈앞에 모기 같은 것들이 떠다니는 것처럼 보이는 비문증은 심하면 눈이 멀게 되기까지 하는 안질인데도 '희망'과 '그리움'을 말하고 있다. 시적 분위기도 가볍고 밝으면서도 아득하다.

두 연으로 구성된 위 시에서 먼저 '나이가 든다는 것은'이란 질문, 화두話頭를 던져놓고 앞뒤 연에 한 장면씩으로 답하고 있다. 매우 추상적, 관념적 화두를 던져놓고 구체적으로 형상화하고 있다. 이지적으로 설명하려 들지 않고 눈에 보이듯 환하게 이미지화 하고 있다.

이게 학문이나 사상이나 종교와는 다른 시의 특징이다. 의미나 개념을 떠나 눈앞에 생생하게 보여주는 것. 그래서 의미에 갇힐 수 없는 싱싱한 삶과 세계의 넓이와 깊이, 그 비의를 생생히 보여주는 것이 시의 특징이요 존재 이유 아니겠는가.

위 시는 또 비문증이라는 증상을 우리가 흔히 겪고 아는 일반적 상식에 메이지 않고 나비가 날 듯 제 마음대로 날며 쓰고 있다. 시인만이 쓸 수 있는 개성적인 시를 쓰고 있다는 것이다. 그래 밝고 한없이 가볍고 막힘이 없다.

요즘 시편들을 보면 아픔을 너무 아프게 쓰는 시들도 적지 않다. 너와 나의 간극, 가서 닿을 수 없는 그리움 등으로 아프기에 시를 쓴다. 그런 아픔을 나누며 서로 위안이 되게. 그런데도 너무 위악적으로 써 더 아프게 만드는 시편들도 많다.

그런 시편들에 비해 위 시는 얼마나 위안을 주고 있는가. 나이 들고 눈까지 침침해지며 눈병까지 앓고 있는데도 흰 구름과 꽃밭과 나비를 보여주며 아득한 그리움과 희망을 말하고 있으니. 의미와 일상의 상식에 주박당하지 않고 시인 마음대로 서정시학에 충실한 시와 삶의 경륜이 이리 간결한 서정이 돋보이는 시를 낳았을 것이다.

"미세먼지 나쁨이라는 일기예보를/꽃노래처럼 무시하고/가을 하늘은 화사했어요/사랑하기 딱 좋은 날이고요//코로나 확진자가 아직 위험 자릿수/외출을 자제하라는데/가을볕이 너무 빛나더군요/사랑하기 딱 좋은 날이고요//마스크가 우리의 키스를 가로막을 수 없다고/어떤 젊은 연인 볼 매인 소리에/붉어가던 단풍 더 붉어져/발가락이 꼼질꼼질 미안했어요//오늘, 날씨가 너무 좋아요/빙하는 점점 녹아 북극곰도 울고 지구도 울고/눈이 부시게 빛나는 마지막 계절/사랑하기 딱 좋은 날이고요"
　　　　－「오늘, 날씨가 좋았네」 전문

　코로나 팬데믹 시절에 나온 시다. 미세먼지 나쁨과 지구온난화로 지구가 울고 있는데도 시는 참 밝고 경쾌하다. '사랑하기 딱 좋은 날'이라고 꽃노래를 부르고 있다. 네 행씩 가지런하게 네 연으로 구성된 잘 짜이고 맞춤한 길이로 노래처럼 흥겹게 읽히는 시다.
　부러 꾸미려 하지 않고 꾸밈없이 보이게 자연스레 터져 나와 자연스레 읽혀서 좋다. 일반 상식 툭, 툭 털어버리고 기분 내키는 대로 털어놓고 있어 독자들도 아무런 의미 부담 없이 읽혀 좋다. 이렇게 자연스럽게 터져 나온 시, 시다운 시가 누가 보더라도 좋은 시인 것이다.
　그러나 이런 자연스러운 시가 어디 쉽게 터져 나올 수 있겠는가. 꾸밈없이 보이게 하기 위해서는 생살 터지는 생 체험과 시 쓰기의 경륜에서 나온 허정함이 이런 꾸밈없이 자연스러운 시를 낳았을 것이다.

"봄꽃도 앞다퉈 피다가 말고/아차,/이건 너무 복잡한 화려함이야/고요하게 낙화한다//인연이라 여기며/붉은 색실로 엮어왔던 사랑도/그렇지,/이건 너무 복잡한 사연들이야./엉켜있던 시간이 한 올 한 올 풀려가며/고요하게 흐른다//갈망했던 욕망의 자리는/담백하고/간결하게/투명하고/홀가분하게/마음에 쏙 드는 미니멀리즘이 되어/깃털처럼 날아오른다"

-「어느 날」 전문

20여 년의 시작 체험으로 터득한 좋은 시 쓰는 방법을 어느 날 문득 요약해 시화한 시로 보인다. 시 쓰기와 삶을 여일하게 보는 금 시인의 인생 경륜에서 나온 좋은 삶에 대한 우주적 실천 철학으로도 볼 수 있는 시다.

총 3연으로 구성된 위 시 첫 연에서는 화려함을 털어버리고 있다. 봄이 되면 근년에 들수록 매화 산수유 개나리 진달래 벚꽃 등 꽃들이 순서도 없이 피어 서로서로 화려함을 뽐내는듯하다. 그래 꽃 제각각의 개성이 없어 보인다. 그럴 바에는 떨어지는 게 낫겠다는 양 꽃이 지는 걸 보고 대자연도 그런데 아차, 하며 시며 삶도 그래야 한다는 것을 깨닫고 있다.

둘째 연에서는 인연과 사연 등 연緣을 풀고 시간의 올도 풀어내고 있다. 그래 모든 것으로부터 자유로우면서도 모든 것과 문득 맺어질 수 있는 지금 이 한순간을 고요히 영원하게 흐르게 하고 있다. 이게 동일성과 순간성의 서정시학 아니든가.

 마지막 연에서는 갈망했던 욕망을 털어버리고 있다. 그래서 담백, 간결, 투명, 홀가분하게 날아오르고 있다. 복잡한 사연, 엉킨 시간, 무거운 의미 다 털어버리고 가볍게 날아오르는 것, 이게 시와 삶의 미니멀리즘이란 것이다. 최소한으로 최대한 공감과 감동을 주는 게 좋은 시, 좋은 삶 아니겠는가. 그런 금 시인의 시론 시, 인생론 시로 위 시를 읽어도 좋을 것이다.

 이렇듯 이번 시집 『흔든다고 흔들리다니요』에서 금동원 시인은 자신의 삶과 시작 체험을 다 걸고 오늘의 일상에서 나오는 시를 쓰고 있다. 삶과 시가 여일해 진솔하고 믿음이 간다. 잘 읽히고 깊이도 있다. 이제 이성과 감성, 뜻과 소리의 그 오묘한 접점에서 다른 것들 다 툭툭 털어버리고 자신만의 목소리로 시 자체로 가볍게 날아오르는 시편들 많이 보여주며 큰 시인의 길 열어가시길 빈다.

저 자 와
협의하여
인지 생략

흔든다고 흔들리다니요

지은이 | 금동원
펴낸이 | 一庚 張少任
펴낸곳 | 답게
초판 인쇄 | 2025년 9월 15일
초판 발행 | 2025년 9월 20일
등 록 | 1990년 2월 28일, 제 21-140호
주 소 | 04975 서울특별시 광진구 천호대로 698 진달래빌딩 502호
전 화 | (편집) 02)469-0464, 02)462-0464
　　　　(영업) 02)463-0464, 02)498-0464
팩 스 | 02) 498-0463
홈페이지 | www.dapgae.co.kr
e-mail | dapgae@gmail.com, dapgae@korea.com
ISBN 978-89-7574-374-0
ⓒ 2025, 금동원

나답게·우리답게·책답게
* 책값은 뒤표지에 있습니다.
* 잘못 만들어진 책은 구입하신 서점에서 교환해 드립니다.